DES DANGERS

DE

L'OLIGARCHIE,

DANS LE CAS D'UN CHANGEMENT

DE PRINCIPES

DANS LA LOI ACTUELLE DES ÉLECTIONS.

DE L'IMPRIMERIE DE POULET,
Quai des Augustins, n°. 9.

DES DANGERS
DE
L'OLIGARCHIE,
DANS LE CAS D'UN CHANGEMENT DE PRINCIPES DANS LA LOI ACTUELLE DES ÉLECTIONS;

PAR UN ANCIEN DÉPUTÉ.

> « . . . . C'est vous qui me portiez à ne compter pour
> » rien, tout ce qui n'était pas mon intérêt présent,
> » sans m'embarrasser de celui de ma couronne-même,
> » à laquelle était attachée ma véritable grandeur. »
>
> (FÉNÉLON, *Dialogue des Morts*.)

PARIS,
CHEZ PLANCHER, Libraire, Editeur du COURS DE POLITIQUE CONSTITUTIONNELLE, par Benjamin de Constant, et des MÉMOIRES ET CORRESPONDANCE DE JOSÉPHINE, Impératrice des Français, rue Poupée, n°. 7.

1820.

AVANT-PROPOS

DE

L'ÉDITEUR.

CET ouvrage était sous presse et prêt à être livré au Public, lorsqu'un horrible assassinat est venu épouvanter la nation, et jeter, pour long-tems, au milieu d'elle une douloureuse consternation.

Une main parricide a osé enfoncer le poignard dans le sein d'un de nos princes! En portant le deuil et la désolation dans la famille la plus auguste, elle a étendu un crêpe funèbre sur la France entière!

Eh! quel moment le monstre a-t-il choisi pour consommer son crime? Celui d'une agitation politique telle, qu'elle ébranle toute la nation, parce que tout entière elle a le sentiment profond que, de la loi des élections, dépend sa tranquillité, son indépendance, sa liberté!

Si quelqu'ennemi furieux et implacable de la France eut conduit le bras du scélérat qui a exécuté ce grand crime, eut-il pu faire choix d'un instant plus favorable à ses perfides desseins, pour immoler une Royale Victime?

Deux partis sont en présence, s'accusant réciproquement de projets ambitieux, subversifs à la fois de la *Charte et du Trône*; et c'est en ce moment que le poignard vient frapper un de ses plus fermes soutiens; celui sur le front duquel devait un jour se placer le diadême, pour passer d'âges en âges à sa postérité!

L'on conçoit tout le parti que, des hommes de mauvaise foi pourraient tirer de ce concours affreux de circonstances, pour jeter de la défaveur sur les opinions libérales; et nuire, par ce moyen, au solide établissement de la Charte constitutionnelle; mais la folie et la férocité d'un tel monstre sont heureusement si loin du caractère des Français, qu'on pourrait justement révoquer en doute, s'il est né au milieu d'eux! Et, d'ailleurs, peut-on rendre responsable une nation de la naissance d'un monstre au milieu d'elle? N'est-elle pas déjà assez malheureuse de lui avoir donné le jour?

Ce funeste événement ne doit donc pas influer sur la grande discussion qui se prépare, ou plutôt, cette influence, si elle a lieu, ne peut être que salutaire, en ce qu'elle en bannira nécessairement l'exaspération et le langage des passions! C'est dans les grandes calamités publiques, que les hommes vertueux de de tous les partis doivent se réunir, pour lutter avantageusement contr'elles. Espérons que celle-ci, qui frappe indistinctement aujourd'hui toute la population, ramènera à des sentimens justes et modérés, tous ceux qui auraient été tentés de s'en écarter ; mais espérons aussi qu'elle ne fera rien perdre de cet amour sacré de la liberté, qui peut seul faire triompher *sa cause et celle du trône* des fers de l'oligarchie !

Nous souhaitons que cet ouvrage y contribue en quelque chose ; écrit entièrement dans cet esprit, on n'a pas cru devoir y faire aucun changement.

DES DANGERS

DE

L'OLIGARCHIE,

DANS LE CAS D'UN CHANGEMENT

DE PRINCIPES

DANS LA LOI ACTUELLE DES ÉLECTIONS.

L'AVEUGLEMENT ou la mauvaise foi du ministère est à son comble.

« La nation, (a dit le Roi), s'alarme de » l'ardeur des factions pour la domination ; » elle s'effraye de l'expression trop claire de » leurs desseins!... »

Qu'a fait le ministère pour calmer ces alarmes ?

Comme un pilote inhabile, au milieu de deux écueils qui lui étaient signalés, pour éviter l'un, il va se briser sur l'autre, lorsque, sans gouvernail et sans voiles, par la seule impulsion du courant, il eût évité l'un et l'autre.

1

La nation se divise en deux partis : l'un de ces partis en *plusieurs factions*; l'autre est le parti national, *le seul national.*

Le ministère prétend-il marcher entre ces deux partis, et continuer à jouer, comme on l'a dit si grotesquement, *à la bascule*? Ou prétend-il, renonçant à ce jeu ridicule, se faire un appui d'une des factions du parti anti-national? Il ne peut manquer, dans l'un et l'autre cas, d'être écrasé et de compromettre le trône.

Si notre vieille expérience ne nous trompe pas, le parti national a pour lui, le Roi, la Charte et l'immense majorité des Français; l'autre, quelques privilégiés et quelques-uns de ceux qui aspirent à le devenir, quelque soit d'ailleurs la nature du gouvernement. C'est dans ce coupable parti, que s'aglomèrent et se divisent ensuite toutes les factions, chacune selon ses vues particulières; mais leur but commun est le renversement de l'ordre actuel, qui ne satisfait ni leur *ardeur pour la domination*, ni leurs *ambitieux desseins*.

Ces diverses factions composant, toutes ensemble, ce parti, peuvent aussi se diviser en deux principales bien distinctes, mais autour desquelles viennent s'engrouper quelques autres secondaires, qui toutes ont des espérances plus ou moins éloignées de profiter des troubles et d'un changement de gouvernement.

Les deux factions principales sont : 1°. Celle qui voudrait ramener l'ancien ordre de choses existant avant la révolution, et même en rétrogradant dans des temps antérieurs; 2°. celle qui désire un changement, en un sens inverse quelconque, pourvu que ce soit un changement.

Autour de la première de ces factions se groupent celle des *étrangers* et celle des *ultramontains*, qui, quoiqu'étrangère aussi, n'en a pas moins un caractère qui lui est particulier.

Autour de la seconde, celles des *républicains*, et de ceux qui rêvent un *changement de dynastie* quelconque.

Toutes ces factions sont-elles également nombreuses, également puissantes, également à craindre? N'y en a-t-il pas de si faibles, que la plus simple surveillance puisse suffir pour s'en garantir ? N'y en a-t-il pas au contraire de si puissantes qu'elles appellent immédiatement toute la force et la vigilance du gouvernement pour en comprimer les efforts? C'est, sans doute, ce dont il est indispensable de s'assurer, et ce que nous allons examiner.

On a donné, en général, le nom d'*ultra*, à ces hommes qui, *se prétendant* être exclusivement les soutiens du trône et de l'autel, se servent de ce masque trompeur, pour assouvir leurs passions et leur ambition particulière, au risque même de renverser et le trône et l'autel.

Ils ont parodié ce mot d'ultra, pour désigner, sous le nom d'*ultra-libéraux*, ceux qui, comme eux, ne voient que leurs intérêts particuliers, et sacrifieraient tout à leur ambition personnelle, quelque fut d'ailleurs le bouleversement qui put en résulter.

Ce sont les deux points extrêmes de l'échelle des factions; mais il y a cette grande différence entr'elles, que personne n'oserait avouer être *ultra-libéral*, au lieu que les *ultra-monarchiques* se font un honneur de l'être, et ne craignent point de marcher tête levée! Ils combattent ainsi leurs invisibles ennemis, avec un grand avantage; voulant cependant avoir à qui s'en prendre et personnaliser leurs attaques, ils affectent de comprendre, sous le titre d'*ultra-libéraux*, tous les hommes les plus marquans *du parti national*, comme si toute la France n'était peuplée que d'hommes avides de changemens et de révolutions !...

En faisant toutefois la part de chacun, il n'y a personne qui ne soit convaincu, et sans doute il en est de même des ministres, que la presque totalité des Français est réellement et sincèrement attachée au grand parti national, c'est-à-dire, très-franchement *du parti du Roi et de la Charte.*

Ceux qui travaillent, soit à l'éluder, soit à la déchirer, et qui forment les deux grandes factions ennemies, dans lesquelles se fondent toutes les autres, pourraient à peine être comptées pour quelque chose, si le ministère, soit par ses erreurs, soit par sa complicité, ne lui prêtait son appui.

Il agit, comme s'il était convaincu, que toute la nation est réellement divisée en ces deux factions, et que le parti national n'existe pas ou qu'il le compose seul avec ses affidés et ses créatures; que *lui seul*, en conséquence, doit soutenir le trône constitutionnel, contre le vœu national! Et cette erreur grossière, vraie ou simulée, est le germe de toutes les autres.

Delà ses intrigues pour faire nommer partout des députés de son choix; pour gagner ou pour intimider ceux qui n'en sont pas, au lieu de se borner franchement à assurer la pleine et entière liberté des élections.

S'il était bien convaincu, que la très-grande majorité, la presque totalité de la nation, ne demande que la paix, la tranquillité et le solide établissement de la Charte, il s'agiterait, moins pour avoir des députés *à lui*, à moins que lui même ne veuille la violer ou s'en servir à son gré pour opprimer.

Il fait répéter, jusqu'à satiété, par ses créatures, qu'il est impossible au ministère de gouverner, s'il n'a pas la majorité dans les Chambres; et de cette vérité triviale, il en conclut, que cette majorité doit penser comme lui; au lieu de regarder comme une vérité démontrée, comme un devoir, que c'est lui qui *doit obéir à cette majorité*, et gouverner dans son esprit.

Sans doute, le ministère ne peut gouverner s'il n'est assuré de la majorité dans les Chambres; mais cette obligation, pour le ministère, n'en est pas une, pour la majorité des Chambres, d'être asservie à ses caprices; car alors il serait superflu d'avoir des Chambres, ce serait une dépense, un embarras et des entraves inutiles : cette question si simple en elle-même, mérite cependant d'être discutée, par l'opiniâtreté que mettent les ministres à vouloir qu'elle soit résolue en leur faveur ; car de la solution claire et précise de cette question, dépend le succès ou l'inutilité ; et même *le danger* du gouvernement représentatif.

En effet, si ce gouvernement n'était encore que celui du *bon plaisir*, l'on conçoit facilement, que les Chambres, s'il plaisait au ministère d'en appeler près de lui, ne pourraient être que des Chambres *consultatives*, un simple conseil convoqué pour discuter et débattre des questions plus ou moins délicates, plus ou moins importantes, sauf au ministère à décider *selon son bon plaisir* ; alors la majorité ne lui serait point nécessaire, et il pourrait gouverner sans elle : mais dans le *gouvernement représentatif* il en est bien autrement ; ce ne sont plus des Chambres consultatives à qui le ministère a affaire, mais bien à des chambres qui, chacune, a une *autorité législative* égale à la sienne ; qui peut accepter ou rejeter telle proposition de loi, sinon selon son bon plaisir, au moins selon l'impulsion de ses lumières et de sa conscience. Soumettre cette conscience à celle des ministres ou à leur bon plaisir, ce serait ramener ces Chambres à n'être plus que consultatives ; et changer, *par cela seul,* la nature même du gouvernement représentatif.

Poser donc en principe, comme le fait le ministère, que la majorité de la Chambre doit être ministérielle, pour pouvoir gouverner, c'est dire, en d'autres termes, que le gouvernement représentatif est impossible ; et que dès lors il faut se contenter d'un vain simulacre de représentation, de telle façon, que la majeure partie des membres des Chambres ne soit qu'un appendice du ministère ; des fonctionnaires placés sous sa dépendance ; ou que, cette majorité soit ou corrompue ou faible, et par cela même incapable d'apporter aucune résistance au bon plaisir des ministres.

Sous ce point de vue, le système représentatif serait donc entièrement inutile ; mais il serait encore on ne peut pas plus dangereux et beaucoup plus dangereux même, que celui pur et simple *du bon plaisir ministériel* : car indépendamment de la dépense qu'il entraînerait, il aurait la grave conséquence de *tromper les peuples*, et de les amener à une servile soumission au *bon plaisir*, lorsqu'ils croiraient ne se soumettre qu'à la raison éclairée et reconnue par ses propres mandataires : ce serait ainsi le pire de tous les gouvernemens, en ce qu'il réunirait aux vices de l'arbitraire le plus absolu, celui de la plus insigne fourberie, ainsi que, de la plus vile et de la plus odieuse corruption.

Les peuples, soumis au plus absolu despotisme, ont au moins la consolation de l'espérance et peuvent dire quelquefois, dans leur désespoir, *si le roi le savait!* Mais dans un gouvernement représentatif, tel que les ministres prétendent l'organiser, par la servilité de la majorité des Chambres, tout espoir serait absolument anéanti : de la part du monarque, pour faire le bien de ses peuples, puisque tout serait toujours censé être le mieux possible à ses yeux, d'après l'approbation de leurs délégués et les comptes de ses ministres! Et de la part des peuples, puisqu'ils seraient constamment trahis par leurs mandataires!

Ce n'est point là, sans doute, ce qu'a voulu la Charte, qui a été accueillie avec tant de transports par le peuple français; et la preuve, au besoin, serait l'article qui rend *les ministres responsables;* car il est impossible de concevoir une responsabilité, lorsqu'on ne peut être accusé et jugé, que par ses amis et ses complices. Cet article seul de la *responsabilité ministérielle*, prouve jusqu'à l'évidence, que la majorité des Chambres ne doit point, par leur essence, être à la disposition du ministère; mais au contraire, que les *ministres doivent se plier au vœu des Chambres*, qui, à leurs yeux, doit représenter la majorité nationale. S'ils avaient lieu d'en douter, la Charte leur donne un *moyen légal* de s'en assurer; mais si l'opinion de la majorité des nouvelles Chambres, se trouve constamment en opposition avec la leur, faudra-t-il encore, pour qu'ils gouvernent, *dissoudre la nation*, après avoir dissout les Chambres? Ou faudra-t-il qu'ils se plient enfin à la majorité des Chambres? Et pourquoi alors un si long circuit pour se soumettre à ce devoir? Et que devient alors cette absurde prétention, que la majorité des Chambres soit toujours ministérielle, lorsqu'au contraire, les ministres ne pourront jamais bien gouverner, que lorsqu'ils se mettront eux-mêmes en harmonie avec cette majorité!

Concluons donc, péremptoirement, qu'avec la prérogative de les dissoudre, les ministres doivent soigneusement *étudier l'esprit des Chambres*, *y obéir*, et non avoir la ridicule prétention de le diriger. Cette vérité est tellement reconnue chez nos voisins, que tout ministère qui s'opiniâtre à ne pas marcher dans le sens et l'esprit des Chambres, se trouve, par cela même, forcé de se retirer. Delà, tant de voies de corruption, employées par des ministres prévaricateurs, pour se procurer dans les Chambres, une majorité qu'ils savent bien n'être pas celle de la nation! En adoptant donc, ce que cette nation peut avoir de bon, ne le confondons pas avec ce qui, depuis long-temps, fait son opprobre et ne peut manquer d'amener sur elle, d'épouvantables catastrophes, dont elle ne donne déjà que trop de signes évidens.

La corruption, comme moyen de gouvernement, dans une nation, est comme la gangrène dans un corps organisé, il faut qu'il y succombe, ou que les membres gangrénés en soient promptement séparés.

Une fois établi que la majorité des Chambres exprime la majorité nationale, et n'est plus à la disposition arbitraire et corruptrice du ministère, voyons quels en doivent être les élémens nécessaires. La Charte s'est expliquée clairement à cet égard, elle a voulu, que les contribuables de certaines côtes pussent *seuls* choisir et être choisis, sans doute comme étant présumés être plus intéressés à l'ordre public et à la stabilité du gouvernement; et aussi comme garans, par leur fortune, d'une éducation plus soignée, et de connaissances généralement plus étendues.

Nul doute, que si tous *les éligibles*, qui, d'après la Charte, représentent la nation, eussent pu être réunis dans une même enceinte, il eût fallu les y appeler; mais cela étant impossible, *les électeurs* qui la représentent légalement aussi, pour les fonctions qui leur ont été déléguées, ont été appelés à les choisir : ceux-ci ne se trouvant pas en trop grand nombre pour que, divisés en plusieurs sections, ils ne pussent pas faire choix directement des députés, *ont tous été appelés par la loi* à y concourir. *Aucune mesure* ne pouvait ni ne peut être plus appropriée à l'esprit et aux dispositions de la Charte ; faire, choisir *par tous*, lorsque tous ne peuvent être appelés, rien, sans doute, ne peut être plus sage, *plus impartial*, plus régulier, aussi ne s'est-il élevé, à cet égard, aucune réclamation, que de la part de la faction qui veut des priviléges, parce que, la loi qui est pour tous ne pouvait convenir à ceux qui veulent se séparer de tous, c'est-à-dire de la nation elle-même (1). La loi toute fois a triomphé de

---

(1) Si les grands propriétaires, de 1000 fr. de contributions et au-dessus, avaient *droit* à être représentés

leur opposition et amené, à la Chambre, des députés véritablement nationaux, puisqu'ils ont été choisis par tous.

C'est cependant la bonté et l'efficacité de cette loi, que les ministres, qui d'abord l'ont loyalement défendue et soutenue, veulent faire révoquer en doute aujourd'hui, précisément par ce qu'étant vraiment nationale, *ils n'ont pu en soumettre les chances à leurs caprices!* il leur faudrait, maintenant, d'autres

---

à la Chambre des députés, en raison de leur nombre parmi les électeurs, ils ne pourraient prétendre qu'à *un neuvième* des places; et, à raison de ce même nombre dans la population totale de la France, à *un trois centième* seulement.

Voilà pourquoi les oligarques s'opiniâtrent à demander, que ce soit *la propriété* qui soit représentée, parce que ces messieurs, qui se disent *fort pauvres*, savent cependant très-bien qu'ils sont encore *en majorité parmi les grands propriétaires*,

Il semblerait qu'ils devraient au moins se contenter du *sixième*, que leur accorderaient au plus leurs propriétés; ainsi que des dispositions de la Charte, qui leur est si favorable en rendant *cette seule classe* de contribuables *éligible* : mais non, cela ne leur suffit pas; il aurait fallu que cette Charte n'admît, pour électeurs et pour éligibles, que *des nobles!* On n'ose pas le dire encore; mais qui n'aperçoit pas le bout d'oreille?

combinaisons, telles qu'ils pussent influer sur les élections, de manière qu'elles ne fussent plus nationales mais seulement ministérielles, ce que nous avons démontré être le renversement complet du gouvernement représentatif assuré par la Charte : et dans quel moment oseraient-ils proposer un pareil changement? Lorsque déjà les trois cinquièmes de la chambre, ont été renouvellés d'après la loi qu'ils ont précédemment sollicitée ; lorsque partout les élections se sont faites avec le plus grand calme, et qu'il leur a été prouvé, que cette loi toute nationale, n'avait éprouvé et n'éprouverait jamais aucune difficulté sérieuse dans son exécution : difficulté qu'avait cependant hautement osé prédire la faction des priviléges!

Le ministère voudrait-il donc les ramener ces priviléges, contre le vœu et la lettre de la Charte qu'il a jurée, *et par laquelle il existe?* Ne se rappelle-t-ils donc plus, que c'est pour les détruire qu'a eu lieu la révolution? Et veut-il exposer la France à une autre, bien plus terrible encore, s'il était possible, en les faisant renaître?

Mais, dira-t-il, comment craindre le retour des priviléges de la part de députés qui seraient dévoués au ministère? Ne seraient-ils pas animés de son esprit et peut-il en exister un plus opposé à toutes sortes de priviléges? Mais lors même que, malgré la création *des majorats*, qui sont de véritables priviléges, proscrits conséquemment par la Charte, on consentirait à admettre, que le ministère tel qu'il est composé aujourd'hui, serait ennemi de tous priviléges, qui répond à la nation, que celui qui lui succédera gouvernera, à cet égard, d'après les mêmes principes? N'est il pas certain, au contraire, que les députés nationaux s'opposeront toujours et constamment au retour de tous les priviléges, tandis que, des *députés ministériels prendront toujours la couleur du ministère en place*. C'est aux peuples à veiller eux-mêmes sur leurs libertés ; et il est douteux qu'on ait jamais pu sérieusement conseiller à aucun d'eux, de s'en rapporter aux ministres à cet égard !

Mais lors même, que par une étrange fiction, on voulut les considérer comme de véritables tribuns, chargés spécialement de veiller aux droits et aux intérêts du peuple, quels moyens auraient ils de s'opposer à la faction des priviléges, si, en altérant la loi nationale des élections, cette faction parvenait à composer la Chambre des députés de ses plus chauds partisans, au lieu de la composer de ministériels? Ah ! qu'ils ne disent pas, que la chose deviendra impossible ; lorsque la loi actuelle des élections aura été changée ; du moment qu'elle ne sera plus vraiment nationale ; du moment que, parmi *tous les électeurs de droit* il aura été fait un *choix d'après une combinaison quelconque*, et qu'il faudra avoir telle ou telle qualité autres que celles prescrites par la Charte, pour en exercer les fonctions, *dans telles ou telles circonstances*, il est impossible, que la faction des priviléges ne s'en empare pas ; à moins que le ministère ne parvienne à obtenir une loi qui ne laisse de choix aux électeurs, que *parmi ses créatures*, ce qui, quelque puissant qu'il soit et qu'il veuille être, ne laisserait pas de rencontrer des difficultés insurmontables, ce que sans doute même, il n'aurait pas l'impudeur de proposer. Or, si une semblable et aussi absurde loi ne peut pas exister, et que la loi éminemment nationale des élections, telle qu'elle existe aujourd'hui, soit changée, elle ne peut plus l'être évidemment qu'au *profit des factions*.

Examinons qu'elle serait celle, que dans les circonstances actuelles, le ministère serait disposé à favoriser.

Si l'on en croit des bruits, généralement répandus, effrayé en apparence, *d'une fac-*

tion, dans laquelle il se plairait à ranger les meilleurs citoyens, il ne balancerait pas à se jeter dans les bras de sa rivale, pour se mettre, selon les uns à sa suite et l'aider lâchement comme complice, à renverser la Charte; ou, selon d'autres, en conservant *le chimérique espoir* de pouvoir contenir cette faction dans de certaines bornes, dans le cas où elle tenterait de les dépasser.

Quelqu'absurde qu'il soit de supposer, qu'une faction désorganisatrice puisse jamais être représentée dans la Chambre des députés par la majorité de ses membres, tant que la loi actuelle des élections subsistera, puisque ce serait supposer la nation elle-même avide de trouble et d'anarchie, lorsqu'il est constant qu'elle ne soupire réellement, que pour le repos et une sage liberté, telle qu'elle lui est garantie par la Charte, admettons toutefois cette supposition; que, contre toute possibilité, cette faction soit parvenue à obtenir la majorité dans la Chambre des députés, et voyons si elle serait aussi dangereuse pour le gouveruement, que si la faction des priviléges était en possession de cette majorité; où si, au contraire, celle-ci ne lui ferait pas courir des dangers bien plus réels et bien plus graves.

En poussant ainsi la supposition à l'extrême, on est loin de penser qu'elle puisse jamais se réaliser; mais en supposant l'existance d'une aussi monstrueuse majorité, une majorité anarchique, dont les ministres paraissent déjà se voir poursuivis comme d'un spectre, s'il est évidemment prouvé qu'elle serait encore beaucoup moins dangereuse pour le ministère, que si cette majorité était entre les mains des ultra, on sera pleinement convaincu, que tout changement à la loi actuelle des élections *qui favoriserait cette faction*, ne pourrait être que contraire au gouvernement lui même, comme il serait une véritable calamité pour la nation.

Raisonnons donc, dans les deux suppositions; d'une majorité de *la faction desorganisatrice*; ou de *celle ultra-monarchique*.

Dans la supposition, que la majoritéde la Chambre fut dévouée à la faction anarchique, il faudrait nécessairement, ou que cette majorité eût été appelée par le vœu national, ou qu'elle eût été nommée par l'influence de la faction à qui elle appartiendrait : appelée par le vœu national, son existance anarchique, de l'aveu même des ministres, impliquerait contradiction manifeste, car ils veulent bien reconnaître, que la nation ne désire que la paix, la tranquilité et la liberté constitutionnelle, telle qu'elle lui est assurée par la Charte; et que dès-lors, elle ne peut *de son plein gré*, se faire représenter par des mandataires anarchiques; il faudrait donc, nécessairement, que cette majorité eût été nommée par l'influence des chefs de cette faction : mais, on le demande, peut-on supposer de bonne foi, qu'une telle faction put avoir assez d'ascendant sur la nation toute constitutionnelle, pour obtenir d'elle une semblable majorité? Qu'on suppose que, par quelques intrigues obscures, elle fut parvenue à faire nommer quelques-uns de ses complices, cela peut se concevoir; mais qu'elle ait pu parvenir à faire élire la majorité de la Chambre, cette supposition est tout-à-fait absurde : admettons-la cependant, qu'en résultera-t-il? Qu'une telle Chambre sera promptement dissoute en vertu de la prérogative royale. Nouvelles intrigues de la faction, et nouvelles nominations semblables? Ici, *l'absurdité redouble*; admettons-la cependant encore! Que pourra faire cette majorité, qui n'a pas la proposition des lois, qui peut même n'en créer aucune que sur la proposition formelle du Roi et l'acceptation de la Chambre des pairs? Sa puissance réelle se trouvera bornée au vote de l'impôt; s'y refusera-t-elle, pour arrêter, par là, la marche du gouvernement et conduire, par cette voie, à l'anarchie? Mais alors la nation qui n'aura nommé cette majorité, que *par surprise* et par suite d'intrigues clandestines d'une odieuse faction, ouvrira enfin les yeux, la Chambre sera de nouveau dissoute et *une nomination toute nationale* succédera bientôt à cette majorité factieuse : il est impossible qu'il en soit autrement, et pour arriver à ce résultat il ne faut pas même une grande habileté de la part des ministres : cette faction se sera donc perdue elle-même, par ses propres excès, sans avoir fait courir le moindre danger à la chose publique, non-plus qu'au gouvernement.

Voyons s'il en serait de même d'une majorité *ultra-monarchique*.

Cette faction, comme celle *anarchique*, ne travaille pas dans l'ombre; une fois en possession d'une loi d'élections qui lui serait favorable, elle saurait habilement en profiter, et aucune dissolution de la Chambre ne pourrait plus faire changer cette majorité, puisque, *par supposition*, la loi des élections n'étant plus nationale, mais *aristocratique*, les assemblées électorales ne seraient jamais disposées à varier dans leur choix, ces choix n'ayant été que le résultat de leur composition, d'un système combiné et réfléchi ; et non simplement celui de l'astuce et de l'intrigue, comme elle l'aurait été près des assemblées électorales vraiment nationales, dans le cas de nominations anarchiques.

La majorité ultra-monarchique resterait donc *permanente malgré le ministère*, malgré les dissolutions répétées de la chambre: cette majorité serait donc toute puissante ; elle le serait d'autant plus, qu'elle trouverait un appui naturel dans celle toute aristocratique des pairs ; car il ne faut pas s'y tromper, la faction ultra-monarchique n'est autre que la *partie aristocratique de la nation mécontente de la perte de ses priviléges*, conspirant pour les resaisir et *pour les accroître*, ne se trouvant qu'*imparfaitement* représentée par la chambre des Pairs, et méditant l'envahissement du pouvoir dans celle des députés. Maîtresse alors dans les deux chambres, elle le deviendrait nécessairement bientôt du ministère et *du pouvoir royal;* les heureux temps des maires du palais renaîtraient ; les comtes, les barons, etc., ne seraient plus décorés seulement de ces *beaux titres* ; ils pourraient relever leurs donjons, faire frapper leur noble effigie sur les monnaies; dépouiller et pendre leurs vilains, selon leur *bon plaisir*; guerroyer entre eux, parler en maîtres, et faire la guerre à leur Roi; qui, selon eux, après tout, n'est que *le premier gentilhomme* de son royaume, et non le premier citoyen! Ne serait-il pas ridicule, en effet, qu'il y eut des citoyens où il y a des barons avec des donjons? Ainsi refleuriraient les *beaux temps de la monarchie*, où les nobles hommes n'auraient plus, comme aujourd'hui, pour tous privilèges, celui de ramper dans les anti-chambres; ou ils pourraient, en sûreté de conscience, raser et enfermer le monarque, et se substituer à sa place, en attendant qu'un autre noble homme put en faire autant à son tour. Ah! le bon temps, le temps *vraiment monarchique*, selon nos ultrà! Il est fâcheux qu'un Louis le gros, un Saint-Louis, que des Louis XI, des Louis XII, des Louis XIII, des Louis XIV, des Louis XV, des Louis XVI et des Louis XVIII soient venus porter, chacun à son tour, la hache sur un aussi beau gouvernement *anarchico-monarchique* : les ultrà de tous les temps ont toujours été malheureux sous les *Louis*, qui n'ont jamais apprécié le bonheur d'être rasés, les ingrats! Préférer faire le bonheur des peuples à les laisser fouler par d'obscurs tyrans ! A celui d'aller chanter matines dans un cloître! Est-ce savoir gouverner? Et le *bon Henri* qui nourrissait le peuple de Paris, *armé contre sa légitimité par ses hauts barons ;* qui méditait de lui donner la poule au pot; qui, s'il sut *vaincre et pardonner*, sut aussi punir de grands conspirateurs, *se disant ses amis ;* qui enfin tomba sous les poignards, valait-il beaucoup mieux que tous ces *Louis*, ses ayeux et ses descendans ? Se faire tirer l'oreille pour aller à la messe ! Qu'il eut bien mérité d'être encapuchonné! Mais, *ventre saint gris*, il n'était pas d'humeur à céder sa place à ses barons ! Ce n'était pas entre leurs mains que, *barbe grise*, il voulait se mettre en tutelle, mais bien en celles de la nation dont il savait qu'il était aimé, dont les intérêts étaient les siens; car les intérêts des peuples ne sont et ne peuvent être que ceux des rois : ceux des privilégiés ne sont, si l'on peut s'exprimer ainsi, qu'un aberration de la royauté; un appui factice portant à faux, et n'ayant d'autre réalité, pour elle, que des dangers sans cesse renaissant.

Les pays où le pouvoir des princes est le plus grand, les pays les plus despotiques *ne connaissent pas de castes privilégiées* ; ces castes n'existent donc point pour la puissance, mais bien *contre la puissance des monarques;* ne pouvant en être les soutiens, ils ne peuvent en être regardés que comme les ennemis : ces priviléges, ils ne les ont obtenus et maintenus, que par la force et par l'astuce; ils ont dit aux rois qu'ils les garantissaient de la violence des peuples, et aux peuples, de la tyrannie des princes; ils en ont successivement imposé aux uns et aux autres, par quelques services *toujours chèrement payés!* Mais le règne des lumières a fait disparaître le leur, comme l'astre du jour fait disparaître des lieux qu'il éclaire, les brouillards malfaisans.

Dans des temps d'esclavage et dans des pays conquis, l'on conçoit comment il est possible, que des maîtres et des conquérans se réunissent, pour river les fers de leurs victimes, et choisissent un chef auquel ils imposent certaines conditions, en se réservant certains droits; les esclaves et les peuples vaincus sont alors traités comme un vil troupeau; les vainqueurs sont les *oligarques*, leur chef n'est que, *primus inter pares;* il le déposent et le remplacent à leur gré, selon leurs caprices ou les règles qu'ils leur a plu d'établir : leur chef alors n'est point le premier magistrat de la nation, il n'est que celui de l'oligarchie. Mais, dans un état où il n'existe pas d'esclaves, où le droit du vainqueur, s'il a jamais existé, est aboli de droit et de fait, depuis des siècles, le chef de cet état, de quelque manière qu'il le soit devenu, est le *chef de la nation*, et non celui de l'oligarchie, qui dès-lors ne peut plus avoir d'existence, sans un véritable danger, sans une véritable anarchie. Lorsque les oligarques seuls jouissaient de la liberté, ils formaient une puissance organisée, *à leur manière*, pour se défendre contre l'arbitraire de leur chef; ou plutôt *ils partageaient le pouvoir souverain* avec lui; mais depuis l'affranchissement des peuples, depuis que le sceptre de l'esclavage et de la victoire a été brisé dans leurs mains, les oligarques, partout où il en resterait, ne seraient plus que, *les ennemis déclarés des peuples et des rois*.

Ennemis des peuples? A défaut d'un million d'autres preuves, leur origine ne le prouverait-il pas suffisament? Mais, dira-t-on, ils ont souvent interposé leur puissance, leurs armes, leurs priviléges qu'ils ont fait valoir, en faveur des peuples contre le pouvoir arbitraire des rois; je nie formellement qu'ils aient *jamais* interposé leur autorité ou même leur bienveillance en faveur des peuples, lorsqu'ils n'étaient pas *personnellement interressés* à repousser l'arbitraire contre lequel ils se sont armés : le plus souvent, ils ont réuni leurs forces à celles encore trop faibles, de certains despotes, pour opprimer les peuples et avoir part au butin; mais il n'y a aucun exemple qu'ils aient protégé les peuples *sans y être personnellement interressés* : il y a plus, ils se sont constamment opposés, de tous leurs moyens, par leurs intrigues et leurs armes, à ce que, les rois vinssent au secours des peuples, qui auraient vainement attendu d'eux leur affranchissement! *Cet affranchissement*, les peuples ne le doivent qu'à la clairvoyante politique des rois, et à leur *propre courage* dont les oligarques ont, plus d'une fois, ressenti les effets. Quels protecteurs des peuples, grand dieu! Que ces hommes qui, non-seulement, refusent tout appui au monarque lorsqu'il ne veut point s'en servir pour les opprimer, mais qui lui font la guerre pour l'y contraindre! L'histoire n'en fournit que trop d'exemples et la révolution n'en a été que le triste résultat : n'est-ce pas parce que, les oligarques de toutes les nuances, *de robe* et *d'epée*, ont refusé, dans une proportion même au-dessous de leur fortune, de venir au secours du gouvernement *ruiné par leurs propres dilapidations*, que cette terrible révolution a enfin éclaté ? Est-ce aussi pour protéger le peuple qu'à son aurore, ils se sont armés et ont été mandier, contre lui, des *secours étrangers* chez ses plus implacables ennemis ? Est-ce encore pour le protéger que, partout vaincus, ils ont profité de ses malheurs, pour venir à la suite d'un million de baïonnettes étrangères, *protéger la dévastation de la France*, et qu'il osent solliciter aujourd'hui le droit exclusif de la gouverner ? Quels droits ! Quel excès de présomption ! Quel triste aveuglement sur ses moyens et sur ses forces !

C'est donc une vérité démontrée, que de tout temps et plus particulièrement encore aujourd'hui, les oligarques sont les *ennemis nés des peuples*, dont ils prétendent insidieusement être les protecteurs contre les rois.

Mais au moins sont-ils les appuis des rois, ou ne sont-ils pas aussi, au contraire, leurs plus dangereux ennemis ?

Lorsqu'ayant à s'établir dans un pays conquis, une horde étrangère a à se garantir du désespoir et du courage d'un peuple vaincu et dépouillé, il est naturel que, les intérêts des oppresseurs soient les mêmes, et que conséquemment le chef attende des secours de ses complices et réciproquement : mais lorsque, par le concours des siècles et des événemens, les deux nations ennemies se sont tellement fondues et identifiées en une seule, qu'il n'est plus possible de distinguer les vainqueurs des vaincus ; que les intérêts de tous sont les mêmes ; que les privilégiés et les non privilégiés de cette nouvelle nation se trouvent tellement répartis qu'il est impossible de distinguer auxquels des vainqueurs et des vaincus ils appartiennent ; lorsque même la race des vainqueurs est à peu près éteinte ou si faible qu'ils aient besoin de toute la générosité des vaincus pour trouver encore asile et protection parmi eux ; lorsqu'il est évident que, la *grande masse* des privilégiés actuels n'est que le *résultat honteux* de la force et de la politique astucieuse des premiers oppresseurs, qui ont cherché à grossir leurs rangs qu'ils voyaient s'éclaircir tous les jours, par l'adoption humiliante qu'ils ont fait subir à quelques vaincus, *assez ambitieux ou assez lâches pour se joindre à eux*..... Lorsque les choses en sont arrivées à ce point, les intérêts de ces nouveaux privilégiés ne sont plus les mêmes que ceux du chef de la nouvelle nation, de son Roi ! Ce roi n'en a plus que ceux de la nation elle-même ; il n'a plus à soutenir de prétendus droits de conquête ; il n'a plus à faire le sacrifice des dépouilles des vaincus, pour se ménager des appuis contre ses peuples ; *il règne sur eux !* Leur prospérité, leur force est pour lui, tout ce qui tendrait à l'affaiblir est contre lui.

S'il existait, parmi eux, un corps qui eût des priviléges particuliers inhérens à leur naissance, ces priviléges ne pourraient exister que contre le trône, en même temps qu'ils seraient contre les peuples ! En effet, si ces priviléges leur étaient inhérens, comme la couleur des mulâtres, le Roi ni le peuple ne pourraient justement les en dépouiller ; ils pourraient *légitimement* s'armer pour les défendre, comme aux jours de la conquête, si le chef de la horde guerrière eût voulu s'approprier seul les dépouilles des vaincus : n'oublions pas le *vase de Soissons !* La punition sauvage du soldat n'infirma pas le droit de ses compagnons, n'augmenta pas ceux de leur chef ! Faudra-t-il s'exposer à en venir aux mêmes expédiens ? *Faudra-t-il donner droit de vie et de mort au chef sur les privilégiés*, pour les contenir dans le devoir ? Ce chef sera-t-il créé le premier janissaire de la nation ?

L'histoire n'est-elle pas remplie de princes dépouillés, mis à mort par des corps privilégiés prétendus leurs protecteurs? Sans remonter à Romulus lâchement assassiné par ses compagnons, ses frères d'armes; sans fouiller daus les archives sanglantes de l'antiquité, à qui sont dus, dans presque toute l'Europe, les changements perpétuels de races? Qui fit enfermer Childéric dans un cloître? Qui dépouilla les descendants de Charlemagne? Qui appela et soutint les Anglais sous Charles VII? Qui offrit la couronne de France à un prince d'Espagne, à un Guise ou à tout autre, *pourvu qu'un Bourbon ne montât pas sur le trône de ses pères*? Ne sont-ce pas les privilégiés?

On voit que si ces Messieurs ont protégé, dans tous les temps, les rois, ils leur ont fait payer cher leur protection; et il est douteux qu'aucun d'eux aujourd'hui, s'il était pleinement dégagé de leurs liens, voulût de nouveau l'acheter à ce prix.

Disons-le franchement, la protection exclusive des rois par les privilégiés, n'est autre que *l'esclavage des princes!* C'est alors sur la tête des privilégiés qu'est réellement posée la couronne : de là cet adage vulgaire parmi eux, que le Roi n'est que le *premier gentilhomme de son royaume ;* non ! le Roi n'est pas le premier gentilhomme de son royaume ; il est *beaucoup plus*, il en est le *premier citoyen !*

Concluons donc, que les corps privilégiés, sous l'apparence du zèle et du dévouement, ne sont pas moins ennemis des rois que des peuples ; qu'ils ne protègent la royauté que pour l'exploiter à leur profit et selon leur bon plaisir ! *Vive le Roi quand même* ! est leur cri d'armes ; c'est-à-dire, *quand même il faudrait en changer pour en rester les maîtres*, comme firent nos preux aïeux !

Si la faction des privilégiés, des *ultrà* est évidemment l'ennemie des rois, comme l'est aussi la faction *anarchique*, laquelle est la plus dangereuse aujourd'hui ? Nous avons déjà résolu cette question, en faisant voir que la première marche tête levée, prétendant soutenir *des droits anciens*, inaliénables comme ceux *du trône* (1), *qu'ils prétendent émaner d'eux !* Tandis que les *anarchistes* se cachent dans l'ombre comme des

(1) N'a-t-on pas vu des anciens pairs de France prétendre ne siéger dans la Chambre des Pairs actuels, qu'en vertu de leurs anciens titres, et refuser de nouvelles lettres de pairie ?

criminels, parce qu'ils ont la conscience de leur crime ; que conséquemment, il est impossible qu'ils fassent corps et qu'ils deviennent nombreux ; car heureusement parmi les conceptions des hommes, tout corrompus qu'ils sont ou qu'on les suppose, celle du crime leur est étrangère ; elle n'appartient point à l'humanité, et les monstres sont rares ! Toute société a pourvu contre eux à sa défense, à leur châtiment ; ils ne sont donc pas dangereux. En vain citerait-on les affreux ravages causés par l'anarchie, dans les diverses révolutions des peuples ; ce fléau destructeur n'est dû qu'à des causes étrangères au crime affreux d'anarchie *médité à l'avance ;* à des envahissemens de barbares, ou aux *excès des gouvernemens.*

Toute société repose sur des principes ; ces principes s'innoculent et prennent racine dans l'esprit des peuples, ils sont à la garde des gouvernemens ; s'il les change tout à coup ou qu'il les laisse insensiblement s'altérer il peut arriver un moment où tous les liens se trouvant brisés il en résulte une commotion générale, *non méditée*, mais prévue par des yeux clairvoyans ! Un bloc est détaché du faîte d'un immense rocher, par celui même à qui la garde en était confiée ; il roule et se précipite avec fracas dans la plaine, écrasant tout ce qu'il rencontre dans sa route! Rendrez-vous responsables ceux qui se sont opposés à ses ravages au risque d'en devenir les victimes; ceux qui ont pu se mettre à l'abri de sa dévastation; ceux mêmes qui ont travaillé à en réparer les ruines? Qui osera dire à ceux-ci, non qu'ils ont mal opéré, mais qu'il n'ont opéré qu'avec la conscience du mal? Ils s'écrieraient alors avec ce général romain accusé devant le peuple; *allons rendre grâce aux dieux d'avoir sauvé la république!*

Si l'on pouvait être effrayé du retour de l'anarchie, ce ne serait point parce qu'il existerait un aussi atroce système, mais parce qu'il serait possible de la ramener par la dissolution des liens du gouvernement constitutionnel, dont les principes sont fortement enracinés dans la nation; par le rétablissement des priviléges que la Charte a détruits et dont elle a acheté le sacrifice par des torrents de sang et trente années de malheurs. A qui le crime alors devrait-il en être imputé? ne serait-ce pas à la faction qui médite le retour de ces priviléges, pour toujours anéantis, et au ministère qui l'aurait favorisée?

Mais les ultrà s'écrient : *nous ne réclamons point le rétablissement des priviléges ; nous ne voulons ainsi que vous, que la Charte ; mais son empire ne peut s'établir si les rênes du gouvernement ne nous sont confiées ; si ainsi que dans la Chambre des Pairs, nous n'obtenons pas une majorité constante dans la Chambre des députés ; nous ne sommes pas plus amis des priviléges que les libéraux ne le sont de l'anarchie :* soit ! Mais existe-t-il, contre vous, pour la nation, la même garantie ? N'êtes-vous pas les mêmes hommes qui possédiez ces priviléges qui ont amené la révolution ? qui avez fait la guerre à votre patrie pour les maintenir ; qui avez été mendier des secours étrangers, chez ses ennemis les plus acharnés, pour les réconquérir ; qui, tous les jours, exhalez encore des regrets de leur perte et proférez des menaces contre ceux que vous supposez vous en avoir dépouillés, conséquemment contre la nation elle-même, qui ne souffrira jamais leur retour ? Quelle aveugle confiance voulez-vous donc lui supposer, d'exiger d'elle, qu'elle vous remette tous les pouvoirs ? Car, selon votre théorie que vous ne prenez pas la peine de déguiser, les trois pouvoirs législatifs *organisés par la Charte peuvent tout s'ils sont d'accord*, même modificier et détruire la Charte! Et vous osez demander à être les arbitres et les régulateurs de ces trois pouvoirs? Et lorsque vous le serez, vous ne céderez point à la tentation de reprendre vos anciens priviléges; de dominer à la fois, le peuple et le trône....? Vous ne seriez donc plus des hommes! Vous vous seriez donc dépouillés de leurs faiblesses et de leurs passions? Vous vous condamneriez donc, vous mêmes, d'avoir porté si long-tems les armes contre votre patrie, pour recouvrer ces odieux priviléges, que vous *abandonneriez avec tant de magnanimité*, alors que vous seriez tout-puissant? Non! Le monde n'a point encore présenté un pareil phénomène; et une nation sage et prévoyante ne peut pas compter que vous en donnerez le premier exemple!

C'est en vain que le trône, si vous étiez saisis de tous les pouvoirs, tenterait de vous arrêter dans votre marche envahissante, *le trône deviendrait impuissant!* Comme ministres, vous vous seriez établis ses organes; comme pairs et députés, ceux du peuple; que lui resterait-il? L'obéissance ou une nouvelle révolution plus terrible peut-être, et pour vous surtout, que la première.

Non! La prévoyance et la sagesse de celui à qui la France doit le bienfait de la Charte, nous en préservera; il a su habilement pondérer les pouvoirs; il ne voudra pas que l'aristocratie de la noblesse, dejà représentée dans la chambre des pairs, devienne encore le seul organe du peuple, dans celle des députés: s'il a jugé à propos de confondre parmi le peuple, une nombreuse classe de nobles, il n'a point entendu ni pu entendre qu'ils seraient ses *magistrats nés*, ses tribuns! Ils ne doivent obtenir ces hautes places que de la confiance du peuple lui-même; non d'une confiance trompeuse, *présumée d'après des combinaisons arbitraires et fallacieuses*, dans la formation des colléges électoraux; mais d'une confiance réelle, exprimée par le choix libre, *de tous les électeurs sans aucune exception*, appelés par *la Charte à y concourir:* tout autre combinaison *quelle qu'elle fut*, serait un crime; elle déshériterait la nation et *sapperait les fondemens du trône.*

Vous vous armez, dites vous, pour la légitimité menacée! Menacée? et par qui? Serait-ce par une poignée de désorganisateurs obscurs dont la réunion, si elle pouvait avoir lieu, ne mériterait pas même le nom de faction;

et dont le crime serait du ressort des tribunaux, si l'on se trouvait forcé, un moment, de s'occuper d'eux ?

Si la famille royale a été enveloppée dans la révolution; si, depuis encore, le 20 mars a eu lieu, c'est la seule faction des priviléges qu'il faut en accuser; au lieu de combattre et de mourir au besoin sur les marches du trône, pour le défendre, elle s'en est servi, au contraire, comme d'un bouclier pour se mettre elle-même à l'abri; et ce *bouclier sacré n'a été brisé que pour l'atteindre.*

La plupart des émigrés, qui font partie de cette faction, ont-ils attendu que ce trône ait été relevé, pour venir implorer leur pardon et ramper dans les anti-chambres de celui qu'ils appellent aujourd'hui un usurpateur? Ceux-mêmes qui ne sont rentrés qu'avec les princes, n'ont-ils pas commencé par s'occuper de leur propre fortune et même de leur vengeance, avant de songer à fonder et à raffermir les bases de ce trône sur les intérêts nationaux, seuls fondemens qui soient véritablement inébranlables? Non! Leur cri d'armes, qu'ils ont osé proférer jusques dans le sein même de la Chambre des Députés de la nation, a toujours été *Vive le Roi quand même!!!* Nous avons vu ce que signifiait ce cri sinistre, dans leur bouche.

Non ! L'émigration, la chouanerie, la guerre de la Vendée, n'ont point eu pour véritable but, le soutien du trône des Bourbons; il n'en a été que le vain prétexte ; elles n'ont eu réellement que celui de *maintenir et d'accroître*, s'il était possible, des priviléges odieux à la nation entière.

S'il est resté près de cette famille malheureuse, quelques véritables amis, quelques serviteurs dévoués, ils étaient en petit nombre et ne pouvaient leur offrir, dans leur malheur, que les consolations de la confiance et de l'amitié : ses véritables partisans n'ont jamais quitté la France ; elle a dû s'en apercevoir lorsqu'elle y est rentrée, pour la première fois, en 1814 : ce ne furent point alors les émigrés qui pavoisèrent leurs maisons et qui firent retentir des chants d'allégresse ; ce fut la nation entière qui se précipitât dans ses bras ! Aurait-elle pu s'attendre alors que la même faction, qui déjà avait causé la ruine du trône, l'accuserait, elle-même, quelques jours plus tard, de vouloir le renverser et proscrire la famille qu'elle accueillait avec un si grand enthousiasme ? Si le Roi fut alors rentré par le secours et la force des émigrés, comme Henri IV, à la tête de ses troupes toutes nationales, sans doute ils eussent pu se faire considérer comme son principal appui, au milieu d'une nation subjuguée par leur génie et par leurs bras; mais il n'en fut pas, à beaucoup près, ainsi! Ils sont Français, épargnons-leur la douleur de leur rappeler quel fut deux fois leur cortège! Et ce sont de tels hommes qui, par leur conduite, ayant amené le 20 mars, n'ont pas su tirer l'épée pour le repousser, prétendent aujourd'hui mettre le Roi et la nation en tutelle entre leurs mains! Qu'ils attendent au moins, pour y prétendre, qu'ils aient marché sur les traces des preux de *Bouvines*, qui, pour défendre l'entrée de leur patrie à l'étranger, préférèrent, *à l'honneur de le recevoir*, la gloire de ne plus vivre que dans les fastes d'une nation généreuse et reconnaissante de l'en avoir délivrée! Qu'y a-t-il de commun entre ces preux et eux?

Qu'ils cessent donc de se dire les champions nés de la légitimité que personne n'attaque, et qu'ils eussent si mal défendue si elle eut été attaquée: qu'ils soient bien convaincus que les intérêts du trône sont moins encore les leurs que ceux de la nation; et que celle-ci saura le défendre, *même contre eux*, s'il était nécessaire; car ceux-là sont-ils bien dévoués à la légitimité, qui comptent, dans leurs rangs, les partisans de l'étranger? Seraient-ils bien éloignés de désirer et même de provoquer le démembrement de la France, ces champions des priviléges, s'ils pouvaient compter d'en jouir tranquillement sous une autre domination que celle des Bourbons? S'ils pouvaient espérer d'entrer, par ce moyen, en jouissance de droits et de prérogatives dont *ils prétendent qu'ont joui leurs ancêtres* en France, et que le sol moins infortuné de l'Allemagne, pour les privilégiés, pourrait leur faire recouvrer? Leurs oreilles ne seraient-elles pas chatouillées de s'entendre nommer *altesse* ou de quelqu'autre nom semblable; d'avoir voix délibérative à la diète comme médiatisés... etc.! Le cri de *vive le Roi quand même* serait-il tout-à-fait étranger à cet espoir, ou au moins à ce pis-aller? La nation se fiera-t-elle donc à de pareils soutiens de la légitimité et de l'indépendance nationale?

La Chambre des Pairs, il est vrai, leur ouvre un asile; mais qu'est-ce pour eux que d'être Pairs de France? Et d'ailleurs, tous les nobles ne peuvent être Pairs! Il faut des priviléges attachés à la qualité de *noble*, où selon eux, la noblesse n'est qu'un vain nom plus à charge qu'à profit! Personne cependant n'ignore combien ils sont *orgueilleux* et jaloux de ce vain titre, qu'ils avaient abandonné en 1791, mais qu'ils regardent aujourd'hui comme un *dédommagement*, en en attendant un autre, celui des priviléges, pour lesquels la faction conspire! Heureusement, il est encore beaucoup de nobles qui préfèrent à ce titre, celui de citoyen : espérons que leur exemple apprendra aux autres que c'est le plus beau qu'on puisse porter dans un gouvernement constitutionnel, et que tous les autres ne sont que les *hochets plus ou moins brillans de la servitude*, lorsqu'ils sont étrangers à toute magistrature.

Lorsqu'à une époque reculée, la force et les lumières étaient concentrées dans un petit nombre de nobles et de prêtres, on conçoit facilement qu'elle a dû nécessairement être leur influence; mais aujourd'hui que les lumières, beaucoup plus vives, sont généralement répandues dans la nation; que ce sont précisément les nobles et les prêtres qui, restés encroutés de préjugés gothiques ou ultramontains, en possédent généralement le moins, comment cette influence pourrait-elle subsister ? Ils ne peuvent en reconquérir une partie qu'en se mettant eux-mêmes au niveau de ceux qu'ils affectent encore si insolemment de mépriser : mais depuis l'invention de l'imprimerie et de la poudre à canon, *les hommes bardés de fer et d'arguties scolastiques*, ne sont plus que ridicules, il leur faudrait d'autres argumens pour persuader et surtout pour dominer.

L'argument banal de la faction est que la masse du peuple, toujours malheureuse, toujours vivant de privations, sous quelque gouvernement que ce soit, se porte volontiers au désordre et à l'anarchie, dès qu'il lui est possible de concevoir quelqu'espérance de sortir de son état de gêne et de misère ; et que cette disposition, reconnue dans tous les pays et dans tous les temps, rend beaucoup plus dangereuse la faction désorganisatrice que ne peut jamais l'être celle des priviléges.

Rien, sans doute, n'est aussi redoutable que l'anarchie ; mais est-ce bien sérieusement que les ultrà la redoutent ? Ne se font-ils pas une arme de cette feinte terreur, pour effrayer quelques hommes timides, et les forcer à se jeter dans leurs bras, pour éviter un mal encore plus grand? Non ! Ce n'est point l'anarchie qu'ils redoutent, mais bien un ordre de choses où ils ne soient pas exclusivement les maîtres. Il faudrait donc commencer par définir ce que l'on doit entendre par le mot *anarchie*, car s'ils appellent anarchie ce que tous les hommes éclairés appellent conservation ou établissement *d'un ordre constitutionnel* et légal, il ne sera plus possible de se comprendre : mais s'ils entendent, comme tout homme de bonne foi et de bon sens, par anarchie, l'absence de tout ordre, de tout frein, de toutes lois..., ce qui constitue véritablement l'anarchie, ils ne peuvent se flatter de la faire craindre à personne, pas plus qu'ils ne la craignent eux-mêmes. *Ils vouent le peuple à la patience et à l'obeissance*, qu'ils disent devoir être *sa vertu obligée*; pour eux-mêmes, ils se regardent comme dispensés de cette obscure vertu; et ce sont ces hommes qui accusent les autres de disposition à l'anarchie !

Mais quelle est donc cette partie du peuple qu'ils accusent si légèrement, si maladroitement? N'est-ce pas celle précisément dans les rangs de laquelle ils croiraient pouvoir trouver un appui, les prolétaires? Car où auraient-ils l'espoir d'en trouver ailleurs ? Ils ne comptent sûrement pas sur leurs propres forces : une preuve, entre mille autres, qu'ils ne comptent que sur quelques prolétaires, c'est l'opiniâtre résistance qu'ils ont mise à ce que le recrutement de l'armée fut national! Ils espéraient trouver dans le *seul* recrutement volontaire assez de prolétaires dégradés (1), pour protéger leurs projets liberticides; et ce sont ces hommes qui appellent à leur aide de semblables protecteurs, qni osent jeter d'odieux soupçons sur les meilleurs citoyens.

Non! La partie nombreuse de la nation qu'ils insultent a le sens droit et le cœur pur; à défaut de lois positives, s'il était possible qu'il n'en existât plus, ou qu'elles fussent muettes

---

(1) On jugera des dispositions où le parti des ultrà était alors, par l'extrait suivant, d'une lettre insérée dans la *Renommée* du 29 juillet 1819 :

« . . . . Un certain Magnier (colonel en 1815) fut,
» lorsque l'ordre fut rétabli, accusé devant un con-
» seil de guerre à Marseille, *qui l'acquitta en* 1816,
» sur . . . . . et sur un passage bien autrement singu-
» lier d'une lettre par laquelle le maréchal-de-camp,
» aujourd'hui lieutenant-général comte L. . . . . , au-
» torisait le colonel Magnier à enrôler, *pour le Roi*,
» cent cinquante détenus *pour crimes*, dans les prisons
» de Tarascon, en leur promettant *un congé définitif*
» à la fin de la campagne ! ! »

dans un moment de crise, elle n'écouterait que la voix de sa conscience ; et ce ne pourrait être qu'un petit nombre de prolétaires, sur lesquels les ultrà comptent eux-mêmes pour les protéger, qui pourraient se livrer au désordre ; mais ils seraient bientôt contenus par la masse imposante de la nation, *masse toujours saine*, à laquelle les ultrà eux-mêmes sont forcés de rendre justice, puisqu'ils en appellent continuellement à elle, en osant se dire *les plus nombreux*, les plus forts, et conséquemment soutenus par elle. Pourquoi donc la redoutent-ils? Mais les inconséquences ne leur coûtent rien : ils comptent recruter dans les prolétaires; la masse de la nation est de leur parti ; voyons donc quelle est la partie de cette même nation qu'ils redoutent et dont ils craignent, disent-ils, le pillage et l'anarchie? Ce sont, sans doute, les propriétaires non nobles, les commerçans, les savans, les hommes de lettres, les manufacturiers et *autres gens de cette espèce*, tous, comme chacun sait, essentiellement anarchiques, n'ayant autre chose à perdre, avec la vie, dans le tumulte, que *leurs biens* et leur liberté! Comment peut-on, avecquelque pudeuret quelque bon sens, croire et espérer faire croire à de pareilles absurdités?

Aussi, comme nous l'avons dit, ce n'est point l'anarchie qu'ils craignent, mais bien le solide établissement du pacte constitutionnel, qui leur ôterait tout espoir de domination et du retour de leurs odieux priviléges.

Ne doit-on pas craindre, diront-ils, le retour de grandes calamités, l'orsque l'on voit les corps électoraux nommer pour députés, des hommes qui n'ont point été étrangers à celles dont la France a été si long-tems la victime? S'il fallait repousser tous les hommes, qui dans un temps d'effervescence et de délire, ont pris tel ou tel parti, plus ou moins fatal, quel est celui, *notamment parmi les ultrà*, qui oserait se mettre aujourd'hui sur les rangs? Chacun en appelle à sa conscience; c'est à la nation représentée par les corps électoraux, également constitués, qu'il appartient d'en juger: qui a le droit de juger autrement qu'elle? Si elle députe dans un sens qui étonne certaines personnes, ne le fait-elle pas pour forcer à revenir sur certaines injustices, lorsque par aucun autre moyen, jusqu'ici, il n'a été possible de l'obtenir? L'opiniâtreté intempestive de maintenir certaines mesures *inconstitutionnelle*, n'a-t-elle point été la cause de certains choix? *D'où sont venues les premières hostilités* ? Y a-t-il donc quelque loi dans la nature et dans les institutions humaines qui prescrivent de souffrir les abus du pouvoir *sans se plaindre*, sans oser prendre *des moyens légaux* pour les faire cesser? Lorsque le gouvernement sera juste, il pourra réclamer les *convenances*, car la plus grande de toutes les *inconvenances* est la violation du pacte social, en vertu duquel les lois et les pouvoirs existent! Que penser donc d'un corp constitué qui, pour maintenir une infraction manifeste à ce pacte sacré qui l'a créé, s'abaisse jusqu'à *défendre la plainte et punir la prière* de ceux qui en demandent le redressement? Non, *le sentiment national et la dignité de la Couronne* ne prescrivirent jamais de semblables mesures; ils les réprouvent, car ils veulent avant tout, la bonne foi et la loyauté! *Le sentiment national et la dignité de la Couronne* repoussent également toutes fallacieuses interprétations, toutes fausses et injustes applications; elles sont *indignes* d'eux.

C'est donc à tort que le ministère paraît vouloir continuer à balancer entre la faction des privilèges et le parti de la nation ; il ne doit y en avoir qu'un pour lui! Aussi sent-il bien qu'il ne peut s'excuser de cette marche tortueuse qu'en feignant de craindre une faction qui n'existe point dans les Chambres ou qui sait que, si elle y existe, elle n'y est absolument d'aucun poids.

Le parti national y réclame, avec énergie, l'exécution pleine et entière de la Charte constitutionnelle, l'abolition des lois d'exception, *toujours mortelles l'orsqu'elles ne sont pas absolumentindispensables;* il réclame des institutions qui soient dans l'esprit de cette Charte et qui la fortifient, parce qu'elle est le palladium du trône, ainsi que du bonheur et de la prospérité de la nation. Les ministres s'y refusent, parce qu'ils veulent rester les maîtres! Dès lors, tous ceux qui veulent se soustraire à leur volonté arbitraire, sont dans leur langage, des factieux, des anarchistes! C'est le combat à mort du despotisme ministériel contre les lois constitutionnelles de l'Etat et leurs généreux défenseurs.

Mais, disent les ministres, la Charte toute respectable qu'elle est contient *des articles réglementaires;* elle en contient, dont les lumières toujours croissantes et l'expérience pourront demander quelque jour la modification.

La Charte ne contient point et ne peut contenir aucun article pûrement *réglementaire;* cela implique contradiction dans les termes. Si même elle pouvait en contenir, ces articles ne seraient pas moins obligatoires que tous les autres, puisque ce serait par eux que plusieurs de ces articles acquèreraient leurs forces, comme les pierres d'un édifice acquièrent les leurs, du ciment qui les lie.

Toucher donc à un seul de ces articles, c'est ébranler et anéantir, *par le fait*, la Charte tout entière. En vain citera-t-on, pour exemple, l'article relatif aux amendemens, tombé en désuétude avant d'avoir jamais été mis à exécution *puisqu'il n'a jamais donné lieu à aucune réclamation* : s'il en existait, qui doute qu'il ne dût être textuellement et ponctuellement exécuté?

S'il arrivait un moment où, par suite de nouvelles lumières ou d'expérience acquise, l'on sentit la necessité d'apporter quelque modification à la Charte constitutionnelle, ces changemens ne devraient jamais être faits que dans des formes solennelles et *prévues à l'avance*, par des pouvoirs *constituans*, et jamais par des pouvoirs *crées et limités par la Charte elle-même*, ce qui serait monstrueux : ce serait pis que Saturne dévorant ses enfans.

Sans doute la nation et le Roi réunis ont droit de modifier la Charte, en ce qui leur paraîtrait contraire à leurs intérêts respectifs; mais les Chambres *telles qu'elles sont organisées par elle*, ne sont point la nation, et n'ont reçu aucune mission d'elle, pour un acte semblable: elles ont reçu, au contraire, une mission *impérative* tout opposée, *celle de la maintenir tout entière;* chacun de leurs membres s'y est engagé personnellement par serment; ils y seront fidèles! Si elles osaient l'entreprendre, elles se mettraient en révolte ouverte contre la nation.

En vain nous citerait-on l'exemple de l'Angleterre: la constitution d'Angleterre n'est point la nôtre, et son auteur en nous la donnant ne l'ignorait pas: ignorait-t-il qu'il y eut des *Bourgs-pourris?* Cependant il n'a pas jugé à propos de l'imiter en cela, non plus qu'en beaucoup d'autres points, non moins importans de sa législation.

Si donc il vient un temps où il soit jugé nécessaire de faire quelques modifications à la Charte, rien ne sera plus facile alors de consulter la nation et le Roi à cet égard; ils seront toujours là, toujours prêts, pour tout ce qui pourra contribuer à la prospérité et au bonheur public.

Il est aussi inutile que hors de mon plan de préciser aucune vue à cet égard ; il me suffit d'avoir démontré que tout changement, toute tentative de changement à la Charte, par les chambres, telles qu'elles sont constituées, par elle, serait un crime!

Mais si tout changement, toute modification à la Charte serait, de leur part, un crime de lèze-nation, que dira-t-on d'une *dérogation* expresse et positive à cette même Charte, par ces mêmes pouvoirs? Sans doute, une *dérogation temporaire* à un article de la Charte n'est point précisément une *annihilation positive* de cet article; ce peut n'être que la suspension momentanée de son entière exécution; mais elle équivaut, pour un laps de temps quelconque, à sa suppression ou à sa modification. Envisagée sous ce seul point de vue, ce serait un véritable crime! Mais si cette suspension est motivée sur des considérations d'une telle gravité qu'elles la rendent *indispensable pour le salut public*, cet acte alors, de criminel qu'il eut été, *dans toutes autres circonstances*, n'est plus qu'irrégulier : il est inconstitutionnel, il est vrai, mais il *était, par supposition, commandé pour le salut de tous! Salus populi suprema lex esto!* La conscience seule, dans un cas *aussi extraordinaire et si rare*, est en droit de condamner ou d'absoudre! Mais *le moment de crise* est-il passé? Tout doit rentrer *immédiatement* sous le régime constitutionnel : la plus terrible responsabilité, la responsabilité d'un crime énorme, retomberait tout entière sur ceux qui auraient foulé aux pieds ou négligé ce devoir impérieux. Si la nation consent tacitement à ce que, dans des circonstances imprévues et *extrêmes*, ses représentans se saisissent, pour un temps, d'un pouvoir sans bornes, elle *exige impérieusement* qu'ils y renoncent, *à l'instant* même où ces circonstances ont cessé.

Telle est, à n'en pas douter, la seule théorie des *lois d'exception*, lois fatales qui font perdre toute confiance aux peuples, engendrent des résistances, font naître des animosités, des vengeances; provoquent des insurrections et peuvent finir par amener des révolutions!

Pour qu'une loi d'exception soit, je ne dis pas bonne, (car aucune loi ne peut avoir ce véritable caractère si elle n'est constitutionnelle) mais *tolérable*, il est indispensable que la masse de la nation soit bien pénétrée de sa *nécessité*, comme de celle qui a banni de France, Bonaparte, pour assurer la tranquillité publique.

Mais combien doivent se trouver rares des cas semblables ? Parviendra-t-on *jamais*, par exemple, à persuader à la nation française que, son repos et sa tranquillité ont jamais tenu au bannissement *extra-judiciaire* de quelques hommes, la plupart ignorés, vivant dans l'obscurité, et *spécialement garantis et protégés par la Charte* ? Non, sans doute ! Cette proscription a donc été attribuée, par la nation, *à tout autre motif* qu'à la sûreté de l'Etat ! Si elle fut l'effet d'un zèle inconsidéré, il a été bien mal entendu, en ce qu'il a fortement ébranlé la confiance dans *tous les autres articles de garantie de la Charte*, notamment dans celui des biens nationaux, qui n'a point un autre caractère, un caractère plus sacré que celui relatif aux votes émis pendant la révolution !

Je m'abstiens d'examiner si, en proscrivant cette classe de citoyens, on n'a point aussi jeté l'alarme parmi un très-grand nombre d'autres, dont il existe, dans les archives, des adresses de provocation ou de remercîment ; et jusqu'à quel point l'inquiétude de tant de familles, dans toute l'étendue du royaume, pourrait nuire, dans des circonstances imprévues, à l'ordre de choses actuel : est-il certain que des inquiétudes bien moins sérieuses, peut-être, n'aient point favorisé la défection du 20 mars ?

Un peuple, ou une masse considérable de citoyens qui ne jouit pas d'une entière et complète sécurité, sur ses biens, sur sa liberté, sur celle de ses proches, ne peut être considéré comme parfaitement tranquille, et conséquemment comme définitivement assis.

Et c'est au lieu de travailler à rétablir cette sécurité, qu'il serait si facile aux ministres de rappeler au milieu d'une nation confiante et aimante, qu'ils cherchent à l'agiter et à l'exaspérer de nouveau, par un projet de changement à la loi, *toute nationale*, des élections, en en ôtant le bénéfice à la masse de la nation, pour le transporter à la faction redoutable des priviléges ! Car il ne faut pas que le ministère s'abuse, quelqu'astucieuse que fut sa nouvelle combinaison, il ne parviendrait *jamais* à faire nommer, *en majorité*, des hommes qui lui fussent dévoués, à moins que lui-même ne se jetât franchement dans le *grand parti national* ; ou bien, qu'il se déclarât le coriphée et le protecteur de la *faction ultra monarchique* ; il n'y a pas de milieu.

Dans le premier cas, il n'aurait rien à changer à la loi actuelle des élections, et la France s'élèverait bientôt à l'état de prospérité, objet de tous les vœux de l'auteur de la Charte; dans le second, il ne faut pas cesser de le répéter, le ministère actuel, lui-même, ne pourrait se soutenir; et tous les malheurs seraient à craindre!!!

POST-SCRIPTUM.

Enfin le Ministère s'est prononcé; il a présenté, sur les élections, un projet de loi, mille fois retourné, amendé, tourmenté; il l'a accompagné de *dignes auxiliaires*, pour détruire, en même temps, la liberté de la presse et la liberté individuelle! Il a saisi le moment d'une profonde douleur, d'un accablement universel, pour porter ainsi le dernier coup à la *liberté publique*! Il a voulu la rendre responsable du crime d'un seul, et traiter toute la nation comme sa complice: les Chambres, n'en doutons pas, sauront repousser une aussi injurieuse agression, et montrer le calme imposant, commandé dans d'aussi graves circonstances.

En cherchant, toutefois, à démêler tout ce que peut avoir d'inconvenant son projet de loi sur les élections, nous completterons, autant qu'il sera en nous, dans un espace de temps aussi court que celui qui nous est donné, la tâche que nous nous sommes imposée.

Nous avions pensé que, les ministres n'auraient pas

l'impudeur de borner le choix des électeurs à leurs seules créatures, à leurs seuls obligés; nous nous étions grossièrement trompés. Mais ils ont cru pouvoir cacher le piége, sous des formes moins ridicules: ils se sont contentés, pour arriver à ce résultat, de se rendre maîtres des *Bureaux des colléges électoraux* et de mettre, sous leur *investigation*, lès noms et les votes comparés de tous les électeurs, se réservant, sans doute, d'en tirer des listes *d'épuration* et de *proscription*, dans le cas où ils ne parviendraient pas à faire nommer leurs créatures!

Ils ont augmenté le nombre des membres de la Chambre de *deux cinquièmes*, mais c'était pour donner ces deux cinquièmes à *l'oligarchie*! Ils ont rompu le faisceau des *électeurs nationaux*, pour en extraire la partie qu'ils savaient être la plus *aristocratique*, afin que réunie *en majorité* dans ces nouvelles assemblées électoroles *bâtardes*, il ne put plus rester de doutes sur leur choix! C'est ainsi que de gaité de cœur ils se proposent de jeter et d'entretenir un ferment de discorde dans la Chambre des députés; ou qu'ils se préparent à embrasser franchement, lorsqu'ils en jugeront le moment opportun, le *parti de l'oligarchie*, de ce parti funeste qui menace, à la fois, le *trône et la liberté*! Mais si, par le moyen de *leurs bureaux électoraux et de leur investigation*, ils espèrent obtenir des *députés à eux*, pourquoi y joindre des députés *de l'oligarchie*, si, comme ils le disent, ils sont les plus grands ennemis de leurs projets liberticides? N'est-ce donc pas s'avouer clairement leurs complices, ou fermer les yeux à la lumière?

Par un respect apparent pour la Charte, ils veulent bien que la Chambre continue à se renouveler par *cinquième chaque année*; mais ils demandent à être *les maîtres* de suspendre et même *d'anéantir* ce mode de renouvellement *impérieusement commandé* ! Il est difficile de pousser plus loin l'oubli des convenances envers les Chambres et la nation elle-même: mieux aurait il valu que, s'exposant à toute la responsabilité d'un pareil acte, les ministres eussent demandé l'abolition de cette disposition de la Charte, ils auraient témoigné au moins plus de franchise. Ce n'est pas ici le moment d'examiner en détail, tout ce qu'aurait de pernicieux, pour la liberté et pour la stabilité de nos institutions, *conséquemment du trône un parlement quinquennal*, qui, à chaque renouvellement, pourrait nous menacer de nouveaux déchiremens, d'une nouvelle révolution, lorsqu'un *renouvellement partiel* peut seul assurer la perpétuité du même esprit dans la Chambre, *lorsqu'une fois elle aura été entièrement renouvelée par le mode actuel*, les déchiremens, dont on se plaint aujourd'hui, ne provenant que de *son défaut d'homogénéité*: il nous suffit d'avoir signalé le danger, dissimulé par le ministère, sous l'apparence d'un dévouement superstitieux, à la lettre de la Charte. L'exemple de l'Angleterre, dans cette affaire, est, à peu près, aussi concluant que celui de ces *bourgs-pourris* ?

Les ministres ont-ils plus respecté la Charte, lorsqu'ils ont exigé que pour être élu dans un département il serait nécessaire d'y payer la moitié des contributions voulues par la Charte pour être éligible, lorsqu'elle prescrit positivement que *la moitié des députés* de chaque département peut être choisie *parmi ceux qui lui sont étrangers?* Est-on donc étranger dans un département où l'on paie des contributions qui excèdent celles exigées pour y être électeur de droit? qu'on peut choisir, à chaque instant, pour y exercer ces mêmes droits. Le vœu de la Charte n'est-il pas évidemment que *partout* un homme d'un *mérite éminent* puisse être élu, quoiqu'*entièrement étranger* au département? La Charte n'exige, pour toute condition d'éligibilité, que d'être Français et de payer une certaine cote; de quel droit en imposerait-on de nouvelles?

De quel droit aussi exigerait-on qu'un *propriétaire*, qui a payé de gros droits d'enregistrement, qui est engagé, par la propriété qu'il a acquise, à en payer les contributions tant qu'il en restera possesseur, soit tenu de l'avoir possédé *une année à l'avance?* La Charte ne s'explique-t-elle pas clairement à cet égard? *S'il ne paie*, dit-elle, et non pas, *s'il a payé depuis tel temps* : si l'on admettait le droit de régler ce temps, qui empêcherait de le faire remonter bientôt à *celui antérieur à la vente des biens nationaux...?*

La Charte ne parle que de *contributions directes*, et non de contributions *foncières*, pour être électeur ou éligible; elle ne fait point de différence entre les propriétaires fonciers et les patentés, entre les centimes *additionnels* et le *principal* des contributions; c'est donc évidemment contre les dispositions expresses de la Charte que les ministres veulent imposer de nouvelles conditions à cet égard : que les contributions soient assises, pour un service public ou pour un autre, ce n'en sont pas moins *des contributions directes* décrétées par les Chambres ; on pourrait autrement voir incessamment le ministère proposer de les réduire, *en majeure partie*, en *centimes additionnels et facultatifs !* Peut-on torturer ainsi la Charte constitutionnelle, et prétendre encore s'en faire passer pour les plus fermes soutiens ?

Nous nous sommes bornés, dans notre examen, aux points les plus saillans du projet des ministres ; n'avons point parlé *du double degré d'élections ;* de *l'unité rompue* des colléges électoraux de département, pour les *morceler* dans les arrondissemens, lorsque la Charte veut que chaque département fasse *un ensemble*, une même famille animée du même esprit. Nous n'avons point parlé de la difficulté d'exécution ; des réunions continuelles et précipitées des colléges électoraux, dans le cas de doubles et triples nominations des divers colléges ; des germes de jalousie, qu'on répand entre les colléges électoraux de départemens et d'arrondissemens, entre les individus qui les composent ; et jusques dans l'assemblée des députés où les élus *hétérogènes* de ces divers colléges viendront siéger.... etc.

Les ministres ont-ils donc les yeux fascinés, ou....? je m'arrête ! Espérons qu'ils reconnaîtront bientôt leur erreur, et que, retirant ce funeste projet, il ne sera point soumis à une discussion solennelle.

FIN.

www.ingramcontent.com/pod-product-compliance
Ingram Content Group UK Ltd.
Pitfield, Milton Keynes, MK11 3LW, UK
UKHW022128260726
13993UKWH00003B/1305

9 782329 155678